Género Cuento folclórico

Pregunta esencial

¿Qué es un cuento folclórico?

I0794917

Por qué es muda la jirafa

Versión de Benjamín Rossi

ilustrado por Marcela Lescarboura

Había una vez... ¡la selva!

Allá los animales vivían solos.
No había gente.

La jirafa era muy vanidosa. Hablaba de su altura y su sabiduría. Los demás animales estaban molestos. ¡No los dejaba dormir!

Un día, el leopardo retó a la jirafa. Le dijo que ella no era tan ágil como él. Decidieron resolver el reto en la pista.

La jirafa iba con ventaja. El leopardo la alcanzó. Pero tropezó y rodó al suelo.

Al final, ganó la jirafa. ¡Qué injusta derrota!

La jirafa se puso aun más vanidosa. El mono estaba muy molesto.

Estaba cansado de oírla.

El mono subió a un árbol. Puso goma en las hojas y bajó.

—La jirafa comerá las hojas. La goma la dejará muda —dijo el mono.

¡Hora de comer! La jirafa se estiró hasta las hojas. Mientras las masticaba, la boca se le ponía pegajosa. ¡Qué sed!

Fue a beber al río. Y cuando estaba por decir algo...
¡No pudo decir ni mu!

—Juguemos un rato —dijo el hipopótamo—. Luego podemos cantar. Y luego podemos dormir.

Los animales ya pueden dormir cuando quieran. Pues desde ese día, la jirafa es muda.

Respuesta a la lectura

Volver a contar

Vuelve a contar el cuento con tus propias palabras.

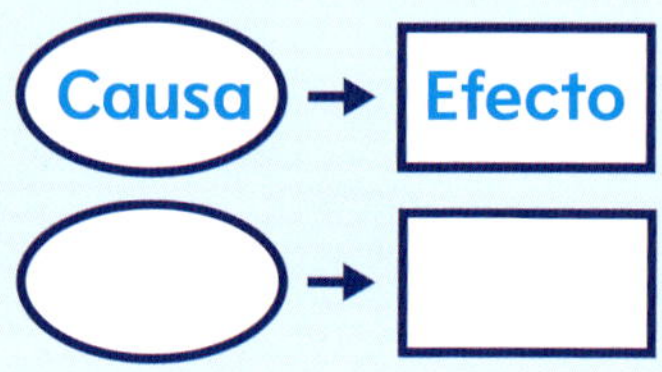

Evidencia en el texto

1. Lee la página 3. ¿Por qué los animales están molestos con la jirafa? **Causa y efecto**

2. Lee la página 5. ¿Por qué el leopardo pierde la carrera?

   Causa y efecto

3. ¿Cómo sabes que *Por qué es muda la jirafa* es un cuento folclórico? **Género**

Género **Poesía**

Compara los textos

Ahora lee la letra de una canción acerca de otra jirafa.

La jirafa resfriada

Carmen Lavanchy

Una jirafa estornudó.
¡Ay pobrecita!, se resfrió.

Dijo su madre: cuídate,
una bufanda amárrate.

Dijo su madre: cuídate,
una bufanda amárrate.

Vino a verla un doctor
para quitarle su dolor.

Y pronto ella pudo mejorar,
con sus amigas fue a jugar.

Y pronto ella pudo mejorar,
con sus amigas fue a jugar.

Haz conexiones

¿En qué se parece la jirafa del
cuento a la jirafa de la canción?

El texto y otros textos

Enfoque:

Género

Cuento folclórico Un cuento folclórico es una historia basada en costumbres y tradiciones. Aunque no cuente hechos reales, suele tener una moraleja.

Lee y descubre Al final, la jirafa come las hojas con goma y por eso se queda muda. Esto no es un hecho real, pero sirve para enseñarnos una lección.

Tu turno

Inventa un cuento folclórico sobre los problemas que trae ser vanidoso. Muestra tu cuento a tus compañeros.